ÇOCU|

NUTUK

Mustafa Kemal ATATÜRK

REN
ÇOCUK

Çocuklar İçin Nutuk
Mustafa Kemal Atatürk

Baskı: Ağustos 2017
ISBN: 978-605-2398-22-7
Yayınevi Sertifika Numarası: 30492

Baskı:
Ege Basım Yayın Gümüşsuyu Cad. Odin İş Merkezi
B Blok Kat:2 No: 436 Topkapı/İSTANBUL
Tel: 0 212 544 75 72
Matbaa Sertifika No: 24381

Editör: Özgür Balpınar
Düzenleyen: Elçin Kazancı
Kapak ve İç Çizimler: Fatma Kurnaz
Kapak Tasarımı: Ercan Portakal
Sayfa Tasarımı: Ren Kitap

Ren Çocuk, Lades Kitap Yay. Paz. Dağ. San. ve Tic. markasıdır.
Güven Mah. Camii Sok. No: 38/A Güngören / İstanbul
Tel: 0212 641 34 76
www.renkitap.com

ÇOCUKLAR İÇİN
NUTUK

Mustafa Kemal ATATÜRK

REN
çocuk

"Küçük hanımlar, küçük beyler! Sizler hepiniz geleceğin bir gülü, yıldızı ve ikbal ışığısınız. Memleketi asıl ışığa boğacak olan sizsiniz. Kendinizin ne kadar önemli, değerli olduğunuzu düşünerek ona göre çalışınız. Sizlerden çok şey bekliyoruz."

Mustafa Kemal Atatürk

İÇİNDEKİLER

ÇANAKKALE KAHRAMANI
MUSTAFA KEMAL PAŞA SAMSUN'DA

Samsun'a Çıktığımda Genel Durum

19 Mayıs 1919 tarihinde Samsun'a çıktım. O tarihte ülkenin durumu şöyleydi:

Osmanlı Devleti, Birinci Dünya Savaşı'nda düşmanlarına yenilmiş, ordusu zarar görmüştü.

Osmanlı Devleti, kendi zararına olan bir antlaşma imzalamıştı.

Halk bu savaştan dolayı yorgun düşmüş, usanmış ve fakirleşmişti.

Ulusu ve ülkeyi savaşa sokanlar Osmanlı Devleti'nin yöneticileriydi ve kendi yaşamlarının endişesine düşerek memleketten kaçmışlardı.

Osmanlı Devleti padişahı ve halifesi Vahdettin tahtını korumak için bazı önlemler düşünüyordu.

Damat Ferit Paşa'nın başkanlığındaki hükümet güçsüz, yalnızca padişahın emirlerine bağlı ve kendilerini koruyabilecek her duruma razı olmuştu.

Ordunun silahları alınmış ve cephaneleri düşmana teslim edilmişti.

Düşman devletleri, yapılan antlaşmanın kurallarına uymadan vatanımızı işgale başlamışlardı. Bu işgalleri yapanlar: İngilizler, Fransızlar, İtalyanlar ve Yunanlılardı.

Düşman donanmaları ve askerleri çeşitli bahanelerle İstanbul'daydı. Fransızlar Adana'yı işgal etmişti. İngilizler Urfa, Maraş ve Antep'i işgal etmiş ve Merzifon ile Samsun'da da asker bulunduruyorlardı. İtalyanlar da Antalya ve Konya'da askeri birliklerini tutuyordu. Ülkenin her tarafında yabancı devletlerin subay, memur ve ajanları bizim kötülüğümüz için çalışıyordu. En sonunda benim Samsun'a çıktığım tarihten dört gün önce 15 Mayıs 1919'da Yunanlılar bu düşman devletlerinin izniyle İzmir'i işgal etmişti.

Zararlı Düşünceler ve Cemiyetler

Bunlardan başka, memleketin dört yanında Hıristiyan azınlıklar devleti çökertmek ve kendi özel amaçları için çalışıyorlardı. Bunlar bu amaçla cemiyet ve çeteler kurmuşlardı.

Ermeniler ve Rumlar büyük hayaller peşindeydi. Rumlar Karadeniz'de Pontus Rum Devleti kurmaya çalışıyordu.

Bitlis ve Elazığ'da ulusal varlığa zararlı bir cemiyet kurulmuştu. Bu cemiyet İstanbul'dan yönetiliyordu. Bu cemiyetin adı da "Kürt Yükselişi Cemiyeti" koymuşlardı. Bu cemiyetin amacı, vatanı işgal eden yabancı devletlerin egemenliği altında bir Kürt devleti kurmaktı.

Konya'da kurulan başka bir zararlı cemiyet daha vardı. Bunun adı da, "İslam Yükselişi Cemiyeti"ydi. Bu cemiyetin merkezi İstanbul'daydı. Ülkenin her tarafında bunlara benzer zararlı cemiyetler kuruldu.

Kurucuları arasında Osmanlı Devleti'ni yönetenlerin de bulunduğu bir cemiyet daha İstanbul'da kuruldu. Bu cemiyetin adı, "İngiliz Dostları Cemiyeti"ydi. Bu cemiyetin üyeleri arasında Osmanlı Padişahı Vahdettin, sadrazamı Ferit Paşa ve Osmanlı Devleti hükümetinin üyeleri de vardı. Bunlar kendi menfaatleri için düşmanla işbirliği içerisindeydi.

İstanbul'daki birtakım insanlar da ülkenin ve milletin kurtuluşunun ancak başka bir devletin bizi koruması, yönetmesi ve yardımcı olmasıyla mümkün olacağını düşünüyorlardı. İşte bu yüzden Amerikan yönetimi (mandası) ya da İngiliz korumasını istiyorlardı.

Ulusal Kuruluşlar

Vatanımızın durumu böyleydi, ama bu durumu anlayanlar da vardı. Bunlar vatanını ve milletini sevenlerdi. Bu kişiler bulundukları yerlerde cemiyetler kuruyorlardı. Vatanı nasıl kurtarabileceklerini tartışıyorlardı.

Bu cemiyetlerden biri, "Trakya-Paşaeli Cemiyeti"ydi. Bu topluluk Osmanlı Devleti'nin yıkılacağını anlamıştı. Eğer bir saldırı olursa bulundukları yerde kendilerini yine kendileri savunacaklardı. Yani Osmanlı Devleti'nin kendilerini korumayacağını anlamışlardı. Bu durumda gerekirse kendi devletlerini kuracaklardı.

"Doğu Anadolu Hakları Savunma Cemiyeti" adında, merkezi İstanbul'da olan bir başka cemiyet daha kurulmuştu. Bu cemiyetin amaçları, doğudaki topraklarını korumak, doğuda yaşayan halkın dini ve siyasi haklarının devamını sağlamak, Ermeni çetelerinin yaptıklarına engel olmaktı. Bu cemiyet toplantılarında şunları söylüyorlardı: "Ne olursa olsun bu toprakları terk etmeyeceğiz. Düşmana karşı birlik olmalıyız ki güçlü olalım."

Trabzon ve civarındaki halk Rumların kendilerini yönetmelerini istemiyordu. Atalarından kalan topraklarını koruyorlardı. Bunun için merkezi İstanbul'da olan bir cemiyet kurdular. Bu cemiyetin adı, "Trabzon ve Yöresi Yönetim Cemiyeti"ydi.

Doğuda vatanını seven insanlar vardı. Bunlar endişeliydiler. "Memleketi satanlar, bizim topraklarımızı da Ermenilere verirler mi?" diye düşünüyorlardı. Eğer böyle bir şey olursa topraklarını koruyacaklar ve gerekirse savaşacaklardı.

Kurtuluş Çareleri

Düşman devletler ülkemize saldırmışlardı. Ülkemizi yok edip paylaşmak için tüm güçleriyle mücadele ediyorlardı. Osmanlı Devleti'nin yöneticileriyse canlarını ve rahatlarını kurtarmak için bunlara boyun eğiyorlardı.

Vatanımızın düştüğü kötü durumu görenler de vardı. Bunlar bir hareket bekliyorlardı.

Ordumuz dağılmıştı. Komutanlar ve subaylar, Birinci Dünya Savaşı'nda çektikleri sıkıntı ve

güçlüklerle yorgundu. Mehmetçikler de savaş-
maktan yorulmuştu.

Vatanımızın insanlarımızdan bazılarıysa hâlâ
padişaha inanıyordu. Yurdumun kandırılmış insan-
ları, padişah olmadan yurdun kurtulmasının im-
kânsız olduğunu düşünüyordu. Padişah olmadan
da yurdumuzun kurtulabileceğini söyleyenlere
de, "vatan haini" diyorlardı.

Şöyle düşünen insanlar da vardı, "Bizi yenen
devletlere bir şey yapmayalım. Eğer yaparsak
bizim için daha kötü olur, çünkü onlar çok güçlü."
Bunları derken milletin gücünü ve özgürlüğe düş-
künlüğünü unutuyorlardı.

Açıkladığım konulara ve yaptığım gözlemlere
göre üç türlü karar ortaya çıkmıştı:

Birincisi, İngiltere'nin korumasını istemek.

İkincisi, Amerika'nın yönetimini (mandasını) istemek.

Üçüncüsü, bölgesel kurtuluş çarelerine başvurmaktır.

Benim Kararım

Ben bu kararların hiçbirini doğru bulmadım. Çünkü bu kararların dayandığı gerekçeler çürük ve temelsizdi. Gerçekte, içinde bulunduğumuz o tarihte, Osmanlı Devleti'nin temelleri çökmüş, ömrü tamamlanmıştı. Osmanlı topraklarının tamamı parçalanmıştı.

Bu durum karşısında bir tek karar vardı. O da millet egemenliğine dayanan, kayıtsız şartsız, bağımsız yeni bir Türk devleti kurmak!

Tam Bağımsızlık

Bu kararın dayandığı en güçlü düşünce ve mantık şuydu:

Temel ilke, Türk milletinin onurlu bir millet olarak yaşamasıdır. Bu, ancak bağımsızlıkla sağlanabilir. Ne kadar zengin ve refah içinde olursa olsun, bağımsızlıktan yoksun bir millet, uygar insanlık önünde uşaklıktan öteye gidemez.

Yabancı bir devletin korumasını istemek, acizliği, güçsüzlüğü ve uyuşukluğu benimsemekten başka bir şey değildir. Gerçekten bu aşağılık duruma düşmemiş olanların, başlarına kendi is-

tekleriyle yabancıları getirmeleri asla düşünüle-
mez.

Halbuki Türk'ün haysiyeti, gururu ve yete-
nekleri çok yüksek ve büyüktür. Böyle bir millet,
tutsak yaşamaktansa yok olsun daha iyidir!

Bu yüzden ya istiklal ya ölüm!

Orduyla Temas

19 Mayıs 1919'da, Samsun'a çıktığımda düşman devletler vatanımızı parçalamaya kararlıydılar.

Vatanımıza saldıranlar, milletin özgürlüğünü ondan almak isteyenler, kim olursa olsun milletimizin gerçek gücünü görmeli ve derslerini almalıydılar.

İlk yapılması gereken şuydu: Bu durum orduya yavaş yavaş anlatılmalıydı. Samsun'a çıktığım gün ordumuza bunu açıkladım. Hemen kolordularımıza telgraf çektim. Telgrafta şunu söyledim: "Vatanımız elden gidiyor. Bu yüzden birleşelim," dedim. Onlardan benim fikirlerim hakkında ne düşündükleri öğrenmek istedim.

26 Mayıs günü, Ankara'da bulunan 20. Kolordu'dan ilk cevap geldi. Şöyle yazıyordu:

"Manisa işgal edilmiş, İzmir'den haber alınamıyor. Ereğli'de bulunan askerleri trenle getiremiyoruz. Askerler karadan yaya olarak geliyorlar. Eğer bir saldırı olursa halkla birlikte kol kola her bölgeyi savunuruz."

Bundan sonra diğer cevaplar da gelmeye başladı. Komutanlar, "Emrindeyiz. Bölgelerimizi savunuruz," diyorlardı.

Ulusal Bir Örgüt Kurulması

Manisa ve Aydın'ı düşman işgal etmişti.

Bir hafta kadar Samsun'da ve 25 Mayıs'tan 12 Haziran'a dek, Havza'da kaldıktan sonra Amasya'ya gittim. Bu süre içinde vatanın tamamında, ulusal örgütler kurulması gereğini bir genelgeyle bütün komutanlara ve üst düzey sivil memurlara bildirdim.

Ayrıca Manisa ve Aydın'ın işgali üzerine mitingler ve ulusal gösteriler düzenlenmesi hakkında da bir bildiride bulundum.

Verdiğim bu emir üzerine ülkenin her yerinde

ulusal gösteriler yapılmaya başlandı. Bu toplantıları vatanını seven insanlar yapıyordu. Ülkemizin insanları ülkenin kötü gidişinden artık bıkmışlardı. Bu toplantılarda ülkemizi işgal edenlere lanetler yağıyordu. İstanbul hükümetine ülkenin her yerinden haberler geliyordu. Bunlar, milletimizin özgürlüğe düşkünlüğünün çığlıklarıydı.

Hükümet bu çığlıkları duymuştu. Onlar kendi geleceklerini kurtarmak istiyorlardı. Milletin sesini susturmak için beni geri çağırıyorlardı. Samsun'a çıkalı bir ay olmuştu. Artık geri dönüş yoktu. Halk özgürlüğünün değerini anlamıştı. Düşmana direniş başlamıştı.

Amasya Genelgesi

Bir şeyler yapmak gerekiyordu. Yeni, bağımsız ve milletin egemenliğine dayanan bir devlet için milleti temsil edecek bir "Temsil Heyeti" kurulmalıydı.

21 Haziran'da Amasya'daydım. Düşündüklerimi söylemenin tam zamanıydı. Vatanımızı seven ve kurtuluşu isteyen insanlara şunları duyurdum:

Vatanın bütünlüğü ve milletin özgürlüğü tehlikededir.

İstanbul hükümeti üstlendiği sorumluluğu yerine getirmemektedir. Bu durum, milletimizi yok olmuş gibi göstermektedir.

Milletin bağımsızlığını yine ulusun kararlılığı kurtaracaktır.

Milletin dünyaya duyurmak için, her türlü etki ve denetimden uzak, ulusal bir heyetin bulunması çok gereklidir.

Sivas'ta ulusal bir kongrenin toplanması gerekmektedir.

Bunun için her ilden üç temsilci seçilmelidir. Bu temsilciler oraya yollanmalıdır

Bu durum çok gizli tutulmalıdır. Temsilciler kimliklerini gizleyerek yolculuk etmelidirler.

Doğu illeri adına 10 Temmuz'da Erzurum'da bir kongre toplanacaktır. Bu kongreden sonra Sivas'ta toplanacağız.

Erzurum Kongresi Hazırlıkları

28 Haziran günü Erzurum'a doğru yola çıktık. Sıkıntılı bir yolculuk oldu. Yolculuk bir hafta sürdü. 3 Temmuz'da oradaydık. Halk ve asker bizi samimiyetle karşıladı.

Komutanlarla toplandık. Çabucak düşmana karşı önlemler almalıydık. Çok zamanımız yoktu. İstanbul hükümeti bizi istemiyordu. Bizleri takip ettiriyordu. Bizi tutuklattırabilirdi.

Birkaç arkadaş toplandık. Toplantıda Kâzım Karabekir Paşa, Rauf Bey, Kâzım Bey (İzmir Valisi Kâzım Paşa), Kurmay subay Hüsrev Bey, Doktor Refik Bey ve İzmir Yöneticisi Süreyya Bey vardı. İzlememiz gereken yolları anlattım. Kongrede neler yapacağımızı ve memleketimizi kurtarmamızın gerekçelerini anlattım.

Resmi Görevimi Bırakma Kararım

İstanbul hükümetinin dediklerini yapmayınca benim yetkilerimi aldılar. Beni geri çağırdılar. Gitmedim. Millet için çalışmalıydım. 8 Temmuz gecesi, saat 10.50'ydi. Önce Milli Savunma Bakanlığı'na, sonra da padişaha şunu bildirdim:

"Bana verdiğiniz tüm görevlerden ve yetkilerden ayrılıyorum. İstifa ediyorum. Milletimle birlikte kalıyorum."

Artık tüm yetkilerimi bırakmıştım. Ben de halktan biriydim. Yetkilerimin yerine milletin özgürlüğünü seçmiştim.

Erzurum Kongresi

Erzurum'da, halk ve asker benim yanımdaydı. Doğu İlleri Haklarını Koruma Heyeti örgütlerinin başına geçmem için bir telgraf göndermişlerdi. Bu telgrafta, örgütün başına geçmemi ve çalışma kurulu başkanlığını kabul etmemi teklif ediyorlardı.

Erzurum'daki bu ilk kongre milletin özgürlüğü için attığımız ilk adımdı. Bu kongreyi 23 Temmuz 1919'da bir okul salonunda yapmıştık. Beni başkan seçmişlerdi. Buna milletimin özgürlüğü için çok sevinmiştim. Kürsüye çıktığımda şunları söyledim:

"İlk yapacağımız şey, güçlü bir meclis kurmaktır. Bu meclis ulusun bir parçası olacaktır. Milletin dediğini yapacaktır."

Bu kongre dört gün sürdü. Birçok önemli karar aldık. Bu kararlar şunlardı:

1. Ulusal sınırlar içinde bulunan vatanın tüm kısımları bir bütündür, birbirinden ayrılamaz.

2. Her türlü işgale karşı çıkacağız. Osmanlı Devleti yıkılırsa millet olarak vatan savunması bizim görevimizdir.

3. İstanbul hükümeti güçsüz kalırsa milletin ve ülkenin özgürlüğünü kurtarmak amacıyla geçici bir hükümet kurulacaktır. Kongre toplanmamışsa "Temsil Heyeti" bu görevi yapacaktır.

4. Hıristiyan azınlıklara hiçbir siyasi egemenlik ve ayrıcalık verilmemelidir. Kanun önünde herkes eşittir.

5. Hiçbir ülkenin koruması ve bizi yönetmesi kabul edilemez.

6. Milli güçleri etkili ve ulusal iradeyi egemen kılmak temel ilkedir.

7. Ulusal meclis hemen toplanmalıdır. Milletin dediği olmalıdır.

Ağustos'un yedisinde kongreye son verdik. Kongrede son olarak şunları söyledim:

"Birlikte çok önemli kararlar aldık. Türk milletinin varlığını dünyaya duyurduk. Bu millet birlik içindedir. İnsanlar bu kongreyi hiç unutmayacaktır."

İstanbul hükümeti, bu yaptığımız işlere kızgınlıkla bakıyordu. Çünkü bütün sorunların yabancıların yardımıyla düzeleceğine inanıyordu. Yeni Milli Savunma Bakanı, "Mustafa Kemal Paşa ve arkadaşlarını derhal yakalayın," diye emirler veriyordu. Bu emre, Kolordu Komutanlığı ve diğer komutanlıklar tarafından gereken cevap verildi.

Sivas Kongresi

Sivas'ta toplamaya çalıştığımız kongreye her taraftan delege seçtirmek ve onların Sivas'a gelmelerini sağlamak için, Amasya'da başlamış olan çalışma ve yazışmalar ediyordu. Bütün komutanlar ve her tarafta birçok vatansever olağanüstü çaba gösteriyordu. Fakat her tarafta olumsuz ve karşıt propagandalar, özellikle İstanbul hükümetinin engelleyici önlemleri işi zorlaştırıyordu.

29 Ağustos 1919 tarihinde Temsil Heyeti üyeleri olarak beş kişi Erzurum'dan yola çıkmıştık. Yollarda eşkıya tehdidi vardı. Biz ona rağmen

tehlikeyi göze alıp yolumuza devam ettik. Gerekirse çatışacaktık. 2 Eylül 1919 günü Sivas'a ulaştık. Halkın, şehrin çok uzaklarından başlayan büyük ve güzel gösterileriyle karşılandık.

Kongreyi toplamamız birkaç gün sürdü. 4 Eylül günü saat 14.00'te kongre toplandı. Çalışmalar başladı. Beni başkan seçtiler. Kongrenin ilk günlerinde çok tartışmalar yaşandı. Ulusal amaçlarımızı ancak dördüncü gün konuşabildik. Ulusal mücadelemiz için Erzurum Kongresi kararlarını uzun uzun konuştuk. Toplantının sonunda faydalı kararlar aldık. Bu kararlar şöyleydi:

1. Doğu Anadolu Hakları Koruma Cemiyeti'nin adı değişti. Yeni adı Anadolu ve Rumeli Hakları Koruma Cemiyeti oldu.

2. Temsil Heyeti önceden sadece Doğu Anadolu'yu temsil ederdi. Şimdi Anadolu'nun tamamını temsil ediyor.

3. Rumların ve Ermenilerin saldırılarına karşı

direniş ve savunma yapılacak. Her durumda birlik olunacak.

4. "Osmanlı Devleti doğu illerini düşmana bırakırsa" sözü değiştirildi. "Vatan topraklarından bir parça bile başkalarına bırakılırsa birlikte savaşılacak," denildi.

Kongrede birçok şey yapmıştık ama bunlar yetmezdi. Yapılması gereken işlerden biri de Amerikan yönetimi (mandası) fikrini yok etmekti. Bu Amerika'nın bizi yönetmesi demekti. Bu konuda kongrede bazıları şöyle diyorlardı:

"Bağımsızlıktan vazgeçemeyiz ama ne askerimiz var ne de silahımız... Vatanın çoğu düşmanın elindedir. Gelin Amerikan mandasını kabul edelim, Amerika, askeriyle parasıyla bizi korusun."

Bu nasıl bir fikirdir? Bu millet başka ulusların emrinde yaşar mıydı hiç?

Bazıları da şöyle diyordu:

"Beş yüz milyon borcumuz var. Ülkenin durumu kötü... Topraklarımız verimsiz. Bu şekilde nasıl tek başımıza kendimizi koruruz. Yunanlılar İzmir'de kalırsa aramızda yine savaş çıkacak. Savaş çıkarsa biz ne yaparız? Erzurum'dan buraya hangi demiryoluyla asker taşırız? Yapamayız. En iyisi Amerikan mandasıdır. Amerika bize yardım etsin. Kurtulalım."

Düşünülüyordu ki, biz bağımsızlığı istersek ülke parçalanır.

Tartışmalar uzun sürdü. Kararlardan dönülmedi. Millet özgürlüğünden canı pahasına da olsa vazgeçmedi. Uzun süren tartışmalardan sonra şu karar alındı:

"Manda (başka devletin bizi yönetmesi) ve himaye (koruyuculuk) kesinlikle kabul edilemez. Türk milleti kimsenin korumasına gerek duymadan yaşar. Ulusumuzun geleceği için sadece bilim ve fen alanında yabancılardan yararlanılabilir."

Ali Galip Olayı

Ferit Paşa hükümeti telaş içindeydi. Korkuyordu. Bu yüzden, Elazığ Valisi Ali Galip'i beni ve arkadaşlarımı yakalamak için görevlendirmişlerdi. Ona şöyle demişlerdi:

"Erzurum'da birkaç kişi toplanmış. Bu toplantıya da Erzurum Kongresi adını vermişler. Bunlar önemsiz olaylar ama Avrupalılar şüpheyle bakıyor. Akılları karışıyor. Bu birkaç kişi şimdi de Sivas'ta toplanacaklarmış. Haberini aldık. Aslında önemsiz şeyler bunlar, ama gel de bunu Avrupa'ya anlat... Bu yüzden seni bu toplantıyı engellemek için görevlendiriyoruz. Seni Sivas'a vali yaptık. Oraya git. Toplantıyı engelle. Yanına oradaki Kürtlerden yüz elli kadar atlı asker al. Derhal Sivas'takileri yakala. Onları İstanbul'a getirin."

Bu emir kâğıdının altındaki imza, İçişleri Bakanı Adil Bey ve Milli Savunma Bakanı Süleyman Şefik'e aitti.

Daha sonra İçişleri Bakanı Adil Bey'e şu telgrafı yazdım:

"Milletin padişahına düşüncelerini bildirmesine engel oluyorsunuz. Düşmanla bir olup millete karşı haince düzenler kuruyorsunuz. Milletin gücünü ve iradesini anlamaya gücünüzün yetmeyeceğine şüphem yoktu. Fakat vatana ve millete karşı, haince ve canınızı dişinize takıp uğraşacağınıza inanmak istemiyordum."

Ali Galip bazı Kürt aşiretlerini kışkırtarak Sivas Kongresi'ni basmak istemişti. Ayrıca Malatya'ya saldırarak karışıklık çıkartacaklardı. Fakat bazı aşiretler de buna karşı çıkmıştır. Sonuçta Ali Galip'in aldatmaya çalıştığı aşiretler vazgeçmiş, Ali Galip'te Halep'e kaçmıştır.

3 Ekim 1919'da İstanbul hükümeti görevini yapamadı. Görevlerine son verildi. Ferit Paşa görevinden alındı. Yerine Ali Rıza Paşa geldi. O da bir hükümet kurdu.

Ali Rıza Paşa Hükümeti

Hemen yeni hükümete şunları bildirdim:

"1. Yeni hükümetiniz, Erzurum ve Sivas'ta yaptığımız toplantıları ve aldığımız kararları kabul ederse biz de yeni hükümetinize saygı gösteririz.

2. Yeni hükümetiniz, Millet Meclisi kurulana kadar milletimizin geleceğine dair kararlar alamaz.

3. Barış konferanslarına katılacakları seçerken milletini seven kişiler seçilmelidir. Bu kişiler güvenilir olmalıdır."

Ali Rıza Paşa hükümetiyle görüşmeye başladık. Biz, bazı tavırlarından, Ali Rıza Paşa hükümetinde bir kararsızlık olduğunu hissediyorduk. Buna rağmen biz bu görüşmelerin devam etmesine karar verdik. Sonuçta gördük ki onlar da Ferit Paşa'nın yolundan gidiyordu.

Ali Rıza Paşa Milli Meclis'i İstanbul'da kurmak istiyordu. Bu meclise ulusal örgütten bizi temsil edecek milletvekilleri de katılacaktı. Fakat bir sorun vardı. Düşman her yerdeydi. İstanbul işgal altındaydı. Meclis nerede kurulmalıydı? Burada milletvekilleri görevlerini yapamazdı. Bu yüzden Milli Meclis Anadolu'da güvenli bir yerde toplanmalıydı. Ancak toplantıyı İstanbul'da yapmaya karar verdiler.

Bu konuda komutanları ve milletvekillerini bilgilendirdim. Durumun sakıncalarını onlara anlattım.

Daha sonra İstanbul'dakiler artık milletin

bana olan güvenini fark etmişlerdi. Bu yüzden benimle görüşmek istemişlerdi. Bu görüşme İstanbul Hükümeti'nin Donanma Bakanı Salih Paşa ve onun yanında bulunan birkaç kişiyle Amasya'da oldu. Üç gün görüştük. Ülkenin durumunu onlara uzun uzun anlattım. Bu görüşmede dört tane sözleşme hazırladık. Görüşmemiz 22 Ekim 1919'da sona erdi.

Bu görüşmede önce Sivas Kongresi'nde aldığımız kararları tartıştık. Birçok konuda anlaşmaya vardık. Anlaştığımız konular şunlardı:

"Kürtlere bağımsızlık verilmeyecek. Kilikya tampon bölge olmayacak. Aydın ili yurttan ayrılmayacak. Edirne-Meriç hattı terk edilmeyecek. Ülkemizdeki yabancılara ve azınlıklara ülkemizin siyasal ve toplumsal yapısını bozacak ayrıcalıklar verilmeyecek."

Anlaştığımız bu konular İstanbul'daki milletvekillerine kabul etmeleri için sunulacaktı. Onlar kabul ettikten sonra geçerli olacaktı. Salih Paşa, kararlarını kişisel olarak almıştı. Bizlere, hükümettekilerin tümü adına söz vermemişti. Ama onları ikna edeceğini söylüyordu. İkna edemezsem ben de istifa ederim, diyordu.

Ne yazık ki Salih Paşa bunu başaramadı.

İşgali Kınamayan Bir Siyaset

Ferit Paşa görevinden alınınca Sivas'ta halk bayram etmişti. "Kahrolsun işgal!" sesleri sokaklarda yankılanıyordu. Bunu gazeteden öğrenen içişleri bakanı oturduğu yerden şöyle diyordu:

"Ne demek kahrolsun işgal? Bu sözler bizim politikamıza aykırıdır. Bu sözlerle kim kime yaranıyor?"

Bu ne demektir? Hükümet işgali çirkin görmediği bir siyaset mi izliyordu? Yoksa kahrolsun işgal dendikçe memleket daha çok düşman eline mi geçecekti? İşgal ve saldırı karşısında milletin suskun kalması işgalden üzülmüş görünmemesi mi akla uygun düşerdi?

"Hak ve merhamet dilenmek gibi bir ilke yoktur. Türk milleti, Türkiye'nin yarınki çocukları, bunu, bir an aklından çıkarmamalıdırlar."

Ankara'ya Geliş

Ekim ayıydı. Yıl 1919. Yunanlılar İzmir'i işgal ediyorlardı. Yunanlı askerler İzmir halkına işkence yapıyordu. İstanbul hükümetiyse durumu görüyor, ama bir şey yapmıyordu. Durumu gören İstanbul halkı gösteriler yapmaya, olanlar karşısında sesini duyurmaya çalışıyordu, ama İstanbul Hükümeti buna izin vermiyordu. Bunun üzerine İstanbul'a çektiğimiz bir telgrafla hükümeti uyardık.

Anzavur, Bandırma dolaylarında haince faaliyetlere başlamıştı. Maraş, Urfa, Antep'te başlangıçta İngiliz birlikleri vardı. Bu birliklerin yerini Fransız askerleri aldı. Bundan dolayı ikinci işgali önlemeye çalıştık. İşgal olduktan sonra da siyasi ve askeri önlemler aldık.

27 Aralık 1919'da Sivas'tan Ankara'ya geldik çünkü Ankara güvenliydi. Ankara halkı çok sıcak ve samimi bir şekilde bizi karşıladı.

Daha sonra yeni milletvekilleriyle görüşme çalışmalarına başlandı. Ama İstanbul hükümeti buna da engel olmaya çalıştı.

Yurdunu seven herkese telgraflar göndermeye başlamıştım. Onlara, "Ankara'ya gelin," diyordum. İstanbul'dakilerse beni İstanbul'a çağırıyorlardı. Bu durum karşısında onlara hiçbir cevap vermedim. Amacım zaman kazanmaktı. Kararımız kesindi. Millet Meclisimizi Ankara'da toplayacaktık.

Durumdan şüphelenen işgalciler milletvekillerini tutuklamaya başlamışlardı. Hatta hükümete bir haber göndermişlerdi. Bu haberde şunlar yazıyordu:

"Cemal ve Cevat paşaları görevlerinden alın."

Durum karşısında hemen telgrafhaneye gittim. Onlara, "Sakın yerinizi terk etmeyin," dedim. Fakat işgalciler hırsla görevlerini yapıyorlardı.

Ali Rıza Paşa Hükümetinin İstifası

İngilizler, Yunanlılar da içinde olarak üzere, düşmanlara karşı savaşa son verilmesini hükümetten istemişti ve bu olursa, İstanbul'u Osmanlı Devleti'ne bırakacaklarını süslü bir şekilde söylemişlerdi. Fakat düşmanların bunu istediği sırada, Yunanlıların İzmir'e yeni askerler, araçlar, silahlar getirdiğini ve savaş bölgelerine yollayarak yeni bir saldırıya hazırlandıklarını biz biliyorduk.

Yunanlılar, bize saldırmaya hazırlanırken, düşmanlar Ali Rıza Paşa hükümetinden başka bir şey daha istediler: "Yunanlılar karşısında bulunan Milli Güçleri üç kilometre geri aldırmak..."Ali Rıza Paşa hükümetinin, buna gücünün yetmediği ortadaydı. 3 Mart 1920 günü Yunanlılar saldırıya geçtiler. Gölcük yaylasıyla Bozdağı'nı işgal ettiler.

İşte, bu olay üzerine, Ali Rıza Paşa makamını daha fazla korumaktan vazgeçti. Düşünebildiği tek çare, hemen istifa edip bu sorumluluk isteyen işten kurtulmak oldu.

Misak-ı Milli

İstanbul Meclisi'nde milletin emellerini ve amaçlarını kısa bir manifesto olacak şekilde topluca düzenlenip yazılması kararlaştırıldı.

Misak-ı Milli adı verilen bu manifestonun ilk maddeleri, bir fikir vermek amacıyla kaleme alındı.

İstanbul'un İşgali

Bir haber gelmişti. Haberde şunlar yazıyordu: "İstanbul'daki Türk Ocağı binasını İngilizler işgal etti."

İngilizler, 19 Mart 1920 sabahında Şehzadebaşı'ndaki mızıka (müzik) karakoluna girmişlerdi. Oradaki askerler sabah düşman saldırısıyla uyanıp düşmanla savaşmışlardı. İstanbul işgal ediliyordu. Milli Savunma Bakanlığı'nı da donanma askerleri işgal etmişlerdi. Bu işgalde beş kişi şehit olmuş, on beş kişi de yaralanmıştı.

O sırada Milli Savunma Bakanlığı telgrafhanesiyle haberleşiyordum, sonra telgrafçı İngiliz-lerin kapıdan girdiğini söyledi, haberleşme yarıda kesildi. Beyoğlu'ndaki telgrafhane de susturuldu. İngilizler orayı da işgal etti.

Düşmanların Bildirisi

Bir bildiri yayımladılar. Bu bildiride şunlar yazıyordu:

"Osmanlılar, Almanlarla birlikte beş buçuk sene önce girdikleri savaşta yenilmişlerdi. Bu yüzden Osmanlı Devleti bu felaketi hak etti. Biz işgalci devletler insancıl anlayışla Osmanlı halkını koruyoruz. Cins, ırk ve mezhep ayırmadan barışın temelini atacağız.

Bu işgal geçicidir. Galip devletlerin amacı saltanatı yok etmek değildir. Saltanatın gücünü artırmaktır. Galip devletlerin amacı, Türkleri saltanatın nimetlerinden yoksun bırakmak değildir, ama ayaklanma olursa size farklı davranırlar. Herkes kendi işine bakmalıdır. Düzen korunmalıdır. Yeni bir Türk devleti kurulmayacaktır. Gereksizdir. Şu anda İstanbul hükümeti iş başındadır. Herkes bu hükümetin dediklerini yapmalıdır. Şunu bilin ki eski düzene başkaldıranlar yakalanacak ve cezalarını çekecekler. Bundan kimsenin şüphesi olmasın."

Bu bildiriyi duyar duymaz hemen harekete geçtim. Karşı bildiri yayımladım. Bu bildiri Türk komutanlarına, savunma cemiyetlerine ve valilere ulaştı. Bu bildiriye şunları yazdım:

"İstanbul silah zoruyla işgal edilmiştir. Bu bir cinayettir. Bundan faydalanacak olan düşmanlar var. Milletimiz kandırılmaya çalışılıyor. Buna dikkat edin. Bu bildiri yüzünden gereksiz telaşa kapılmayınız. Gerçekler, Anadolu ve Rumeli Hakları Koruma Cemiyeti tarafından açıklanacaktır."

Yabancılara Yaptığım Protesto

Bununla da yetinmedim. Siyasi temsilcilere, yabancı ülkelerin dışişleri bakanlıklarına, milletvekillerine bir protesto yazısı gönderdim. Bu yazı şöyleydi:

"İstanbul'daki resmi dairelerin hepsi, ulusal isteklerimizin temsilcisi olan vekiller meclisi düşman askerleri tarafından resmen işgal edilmiştir. Bu arada yurdunu seven birçok vatandaş da tarafınızca tutuklanmıştır. Bu darbe, yalnız biz Osmanlılara yapılmış değildir. Çağın kutsal bildiği özgürlük, ulusçuluk ve vatan gibi değerleredir.

Bugünün toplumlarınca kabul edilen bağımsızlığımızı ve haklarımızı savunacağız. Hiçbir güç bizi haklarımızdan yoksun bırakamaz.

Tarihin, bugüne kadar kaydetmediği, bir suikast ortaya çıkaran bu durumu bilim ve çağdaşlığın Avrupa'sına, Amerika'sına ve onların vicdanlarına bırakıyoruz. Doğacak bu tarihi sorumluluğa son bir kez daha dikkatinizi çekiyoruz. Davamızın doğruluğu ve kutsallığı, bu zor zamanlarda, Allah'tan sonra en büyük yardımcımızdır."

Millete Yazdığım Bildiri

Bu durumu aynı gün bir bildiriyle tüm millete duyurdum. O duyuruda şunları söyledim: "İstanbul, bugün zorla işgal edildi. Osmanlı Devleti'nin yedi yüzyıllık yaşamına son verildi. Türk milleti, bugün hakkı olan çağdaşlığın, özgürlüğün ve geleceğinin savunmasına çağrılmıştır. Giriştiğimiz özgürlük ve vatan savunmamızda Allah'ın yardımı bizimledir."

Artık bu işgallere son vermek gerekiyordu. İstanbul hükümeti bu işi yapamazdı. Acizdi. Tehlike git gide büyüyordu.

Meclis'in Ankara'da Toplanması Kararı

Bu işgal nedeniyle illere ve komutanlıklara bir duyuruda bulundum. Bu duyuruda şunlar yazılı idi:

1. Ankara'da yetkileri çok fazla olan bir meclis toplanacaktır.

2. Meclis üyeleri, Osmanlı yasasına uygun olarak seçilecekler.

3. Her sancaktan (il ile ilçe arasında kalan yerleşim yeri) beş üye seçilecektir.

4. Üyeleri seçecek kurul şunlardan oluşacaktır:

a. Kazalardan (ilçelerden) gelecek ikinci seçmenler

b. Sancak merkezindeki ikinci seçmenler

c. Sancak merkezi yönetim meclisi

d. Sancak merkezi belediye meclisi

e. Sancak hakları savunma heyeti üyeleri

f. İl idare meclis üyeleri

g. Merkez kazasının ikinci seçmenleri

5. Meclis üyeliğine her parti, cemiyet, kuruluş aday gösterebilir. Kişiler kendilerini de aday gösterebilirler.

6. Seçime başkanlık edecek kişi bölgenin en üst düzey yöneticisidir. Seçimin doğru bir şekilde yapılmasından yöneticiler sorumludur.

7. Seçim gizli oyla yapılacaktır. Mutlak çoğunluğa göre oy sayımı sonuçlandırılacaktır. Sayım meclisin gözü önünde olacaktır. Sayımı meclisçe seçilen iki kişi yapacaktır.

8. Seçim sonucu üyelerin hepsinin imzası, ki-

şisel mühürleriyle onaylanmış olarak üç kopya olarak düzenlenecektir. Birini kazanan alacaktır. Biri meclise gönderilecektir. Biri de yerel yönetimde kalacaktır.

9. Seçilen üyeler hemen Ankara'ya yola çıkacaktır. Yol masrafları gelince ödenecektir. Dönüş masraflarıysa yerel yönetim tarafından ödenecektir.

10. Seçim, on beş gün içinde Ankara'da toplanmayı sağlayacak şekilde yapılacaktır.

11. Sonuç çabucak Ankara'ya bildirilmelidir.

Türkiye Büyük Millet Meclisi'nin Açılışı

Seçimler hemen yapılmaya başlandı. Kurallar uygulandı. Seçilen üyeler yola çıktı. 23 Nisan 1920'de tüm üyeler hazırdı. Cuma günüydü. Cuma namazını üyelerle birlikte kıldıktan ve dualarımızı yaptıktan sonra Büyük Millet Meclisi'ni açtık. Artık milletimizin sesi duyulmuştu. Millet tüm dünyaya sesini bağırarak duyurmuştu. Bu bir başlangıçtı.

Büyük Millet Meclisi'ndeki ilk toplantıda, üyeler beni meclis başkanı seçmişlerdi.

Büyük Millet Meclisi'nde, 2 Mayıs 1920'de, on

bir kişiden oluşan Bakanlar Kurulu'nu seçmiştik Meclis açılalı bir hafta olmuştu. İsmet Paşa genelkurmay başkanı seçildi. Bazı paşalar buna karşıydı. Bense onu tanıyor ve ona güveniyordum.

İç Ayaklanmalar

Ülkenin içinde vatana düşman olanlar vardı. Bunlardan biri de Anzavur Ahmet'ti. Daha önce Biga'daki sayısı az olan askerlerimizi hapse atmıştı. Silahlarını çalmıştı. Askerimiz mücadele etti ama sayıları çok azdı. Şehitler verdik. Bize bu haberi İstanbul'dan şifreli olarak İsmet Paşa vermişti.

Anzavur Ahmet, beş yüz kişiyle Adapazarı'na saldırdı. 20 Mayıs 1920'de Geyve Boğazı'nda askerlerimizle karşılaştı. Yenildi ve kaçmak zorunda kaldı.

21 Eylül 1919'da Anzavur Ahmet ayaklan-

mıştı. Yine aynı yerde hainlik yapmıştı. 13 Nisan'da Çerkez ve Abazalardan tam dört bin kişi Düzce'ye girmişlerdi. Hapishaneyi basmış ve içerdekileri çıkarmışlardı. Subayları da tutsak almışlardı.

İstanbul'da, "Hilafet Ordusu" adında bir ordu oluşturuldu. Bunu İstanbul hükümeti yapıyordu. Ordu komutanı Süleyman Şefik'ti. Bu ordu önceleri Bolu'daydı. Sonra Düzce'ye gitti. Kısa zamanda bize yenildi ve geri çekildi.

Ordumuz bunlarla uğraşırken bu kez, Yozgat yöresinde isyan çıktı. Başlarında Postacı Nazım ve Çerkez Kara Mustafa vardı. Otuz, kırk kişiydiler. Çamlıbel'e saldırdılar. Küçük bir birliğimizi tutsak aldılar. Çete durmuyordu. Tokat'a yürüdüler. Zile'yi işgal ettiler. Üç ay sonra ordumuza yenilerek kaçmak zorunda kaldılar.

7 Eylül 1920'de Küçük Ağa, Deli Hacı ve Aynacıoğulları adında serserilerden oluşan çeteler

ortaya çıkmıştı. Zile civarlarında başkaldırmışlardı. Kara Nazım ve Çopur Yusuf çeteleri ise Erbaa'da başkaldırmışlardı. İbrahim Bey'in birliği üç ayda asileri ortadan kaldırdı.

Vatanımızın güneyinde de olaylar vardı. Birtakım aşiretler ve Fransızlar Viranşehir'de zulümler yapıyordu. Bu aşiretlerin üstüne 5. Tümen'i gönderdik. Yenilen isyancılar Yunanlılara sığındılar.

Afyonkarahisar yöresinde Çopur Musa adında biri kendi adamlarıyla Çivril'i basmıştı. En kısa zamanda askerlerimizi yolladık. Kuvvetlerimiz karşısında canlarını zor kurtardılar. Sonra öğrendik ki Yunan ordusuna katılmışlar.

Konya'da bozguncu bir örgüt kurulmuştu. Bu örgüt yandaşlarına silah veriyordu. Saldırmak için fırsat bekliyorlardı. O yöredeki komutanlarımızdan biri durumu anlamıştı. Hemen bu örgüttekileri tutukladı.

Savaş Cephelerinin Durumu

Meclisin açıldığı günlerde vatanımızın çeşitli yerlerinde ve cephelerindeki durum şöyleydi:

1. İzmir'deki cephemiz, Yunan işgaline karşı açtığımız cepheydi. Buranın komutanı 17. Kolordu komutanı Nadir Paşa'ydı. Nadir Paşa, Yunanlılar İzmir'e girerken hiçbir şey yapmamıştı. Orada, 56. Tümen'in iki alayı vardı. Başlarında Yarbay Hürrem vardı. Düşmana karşı koymak istemişlerdi, ama Nadir Paşa, "Yunanlılara karşı koymayın," demişti. Böylece Türk askerini düşmana

teslim etmişti. Bir başka alay da Ayvalık'taydı. Başında Yarbay Ali bulunuyordu. Yunan ordusu bir sabah Ayvalık'a girdi. Burayı da rahatça alabileceklerini düşünmüşlerdi, ama bu kez yanılmışlardı. 28 Mayıs 1920'de Yunanlılar darmadağın edilmişti.

Soma, Salihli, Akhisar'dakiler Ayvalık'taki başarımızı duymuştu. Bunu duyunca ulusal cepheler kurulmaya başlandı. Aydın cephesinde de vatanseverler ayağa kalmıştı. Halk, genç yaşlı demeden silahlanıyordu. Düşmana karşı koyuyordu. Düşmana baskınlar yapıyordu. Düşman dayanamadı, Nazilli ve Aydın'dan kaçarak gitti.

2. Güneyde, Fransızlara karşı savaştığımız bir cephe vardı. Burada ulusal örgütler ve güçler oluşmaya başladı. Mersin, Tarsus ve Pozantı'da düşmana rahat vermiyorduk. Maraş ve Urfa'da yer yer düşmanla çatışıyorduk. Bunlar ulusal birliklerdi. Düşman bu duruma daha fazla dayana-

madı. Yirmi günlük bir ateşkes yapmak istedi. Benim bu görüşmelerle ilgili düşüncem Fransızların Adana ve çevresini boşaltacaklarıydı.

İlk Genel Yunan Saldırısı

22 Haziran 1920'de Yunan ordusu saldırmaya başladı. Elinde altı tümen asker vardı. Üç tümenle iki koldan saldırıya geçmişlerdi. Akhisar, Salihli ve Aydın'a kolayca girmişlerdi. Bursa yöresine kadar çekilmek zorunda kaldık. Düşman üzerimize geliyordu. Düşman, Bursa'yı da almıştı. Biz de Eskişehir'de cephemizi kurmuştuk.

Bu geri çekiliş karşısında Meclis'te tartışmalar başlamıştı. Öte yandan her cepheden, "Yardım edin!" telgrafları geliyordu. Komutanlar silah ve cephane istiyordu. Meclis'te herkes üzüntülü ve kızgındı.

Çerkez Ethem ve Yeşilordu

Yurdumuzda, "Yeşilordu" adında düzensiz bir askeri birlik kurulmuştu. Bizim tarafımızda olduklarını söylüyorlardı. Şüphelenmiştim. Bu orduya Çerkez Ethem ve kardeşi de katılmıştı. İlk başta bizim için savaştılar. Daha sonra biz düzensiz askeri birliklerle savaşta kaybedeceğimizi anladık. Düzenli ordu birlikleri kurduk. Onlar bize katılmak istemedi. Çerkez Ethem ve kardeşlerinin etrafa, "Ankara'dakiler yetersizdir," dedikleri kulağıma gelmişti. Etrafa böyle haber yayıyorlardı. İstedikleri olmayınca isyan ettiler.

Cephe komutanlarına emir verdim. 22 Aralık 1920'de askerlerimiz Kütahya'yı aldı. Çerkez Ethem, İstanbul hükümetinden yardım istedi. İstanbul'dan gerekli yanıtı alamamıştı. 5 Ocak 1921'de Gediz'i alan askerlerimizden kaçarak Yunanlılara sığındı.

Doğu Cephesinde Ermenistan'a Saldırı

Ermeniler vatanımıza girerek insanlarımızı katlediyorlardı. Gerçekten, durum çok önemli ve çok tehlikeliydi. Çünkü o günlerde Ermenistan'a saldırı kararı vermiştik. Bunun için hazırlanıyor ve önlemler alıyorduk. 6 Kasım 1920 gün Ermeniler yenilgiyi kabul ederek topraklarımızdan çekildiler ve bizimle anlaşmak istediler. Ermenistan'la yaptığımız Gümrü Antlaşması, Milli Meclisimizin yaptığı ilk antlaşmadır.

Düzenli Ordu Düzenine Geçiş

8 Kasım 1920'de, Fuat Paşa Ankara'ya geldi. Onu Kuva-yı Milliye giysileri içinde gördüm. Batı Cephesi Komutanı'na bu kılığı benimseten düşünce ve anlayışın bütün Batı Cephesi üzerinde ne denli etkili olduğunu anlamak için artık duraksamaya yer kalmamıştı.

O günün gecesi, İsmet ve Refet Paşaları da çağırarak yeni durumu ve görevlerini kararlaştırdık. Kendilerine verdiğim kesin talimat: "Hızla düzenli ordu ve süvari birlikleri oluşturmak"tı.

Trakya'da Durum

Bu sıralarda Trakya'da durum şöyleydi:

Sivas Kongresi'nde Trakya'nın yönetimi Trakya-Paşaeli Cemiyeti'ne verilmişti. Orada kolordu karargâhımız vardı. Üç tümenimiz de değişik yerlerde düşmanı bekliyorlardı.

Yunan ordusu bir tümen askerini Tekirdağ'a çıkarmıştı. Bununla yetinmeyip Edirne'ye doğru ilerliyorlardı. Uzun çatışmalardan sonra Yunan ordusu Trakya'yı almıştı. Aslında yenilgi bu kadar kolay olmamalıydı. Kolay olmasının nedeni Trakya'daki birliğimizin komutanının beceriksizliğindendi. Vatan için savaşmak yerine kaçmayı düşündü. Böyle olunca da Trakya'yı düşman işgal etti. Tarih böyle komutanları hiç affetmeyecektir. Yunan ordusu karşısında ordumuz Dumlupınar sırtlarına çekilmişti. Bunun üzerine Batı cephesi komutanı Ali Fuat Paşa, Genelkurmay Başkanlığı'na başvuruda bulunmuş, isteklerini sunmuştu. İstekleri şunlardı:

Düşman karşısında birçok askerimiz şehit oldu. Asker göndermeniz gerekmektedir. Gediz'de yenilgiye uğradık. Her şeyimiz tükendi. En az bin askere ihtiyacımız var. Silahlarıyla hemen bize ulaştırılmalıdır.

Askerlerin giysileri, ayakkabıları paramparça durumdadır. Kar yağıyor. Asker çıplak, yalın ayak... On beş bin askere yetecek kadar palto, ayakkabı kuşak ve pamuklu elbiseyi acele yollamanız gerekiyor.

Tevfik Paşa Ankara'yla Görüşmek İstiyor

İstanbul'da yeni kurulan Tevfik Paşa hükümeti, milletin hükümetine önem vermeye başlamıştı. Tevfik Paşa, bu savaşın kazanılacağına inanamıyordu. İstanbul'daki bu yeni hükümete Anayasamızı gönderdim. Anayasamızı, Büyük Millet Meclisi kabul etmişti. Gönderimde şunlar yazıyordu:

1. Egemenlik kayıtsız, şartsız milletindir. Halk kendi kendini yönetir. Yönetim n esası budur.

2. Kanun yapma ve devlet işlerini yürütme

yetkisi millete aittir. Ulusu Büyük Millet Meclisi temsil eder. Milletin tek temsilcisi odur.

3. Türkiye Devleti, Büyük Millet Meclisi'nce yönetilir. Hükümetin adı "Türkiye Büyük Millet Meclisi Hükümeti"dir.

4. Meclisin üyeleri illerin halkı tarafından seçilir.

5. Seçimler iki yılda bir kez yapılır. Üyelik hakkı iki yıldır. Seçilen üyeler yeniden seçilebilir. Seçim yapılamayacak bir durumda eski üyeler bir yıl daha görevlerini sürdürürler. Seçilen üyeler yalnız ilini değil tüm yurdu temsil ederler.

6. Türkiye Büyük Millet Meclisi genel kurulu her yılın kasım ayı başında üyeler çağrılmadan kendiliğinden toplanır.

7. Dini hükümlerin yerine getirilmesi, kanunların çıkarılması, değiştirilmesi ve kaldırılması, barış antlaşmaları, yurdun savunması, hukuk ilkeleri gibi işler meclisin işidir. Bakanlar Kuru-

lu'nun görevleri özel bir kanunla belirlenir.

8. Büyük Millet Meclisi, hükümetin içinde iş bölümü yapar. Gerek duyulan bakanlıkları kurar. Yürütme işini bakanlar yapar.

9. Meclis Genel Kurulu tarafından seçilen başkan bir seçim devresi için Büyük Millet Meclisi Başkanı'dır. Bu isimle imza atar. Milletvekilleri heyetinin kararlarını onaylar. Bakanlar, aralarından birini kendilerine başkan seçerler. Ancak Büyük Millet Meclisi Başkanı, Bakanlar Kurulu'nun da başkanıdır.

10. Bu ilkeler dışında ne kadar yargı varsa geçersizdir. Bilginize sunulur.

Türkiye Büyük Millet Meclisi Başkanı Mustafa Kemal

Birinci İnönü Zaferi

Bu sırada Gediz'de savaş vardı. Ordumuz Eskişehir'den düşmana saldırıyordu. Düşman dayanamadı. Paramparça oldu. Çareyi kaçmada buldu. Tarih kitapları bu savaşı, "Birinci İnönü Zaferi" olarak sayfalarına yazdı.

Bu zaferden sonra Batılı devletler, Birinci Dünya Savaşı'ndan sonra imzalanan, ülkemizi parçalayan ve tarafımızdan reddedilen Sevr Antlaşması'nda bazı değişiklikler yapmak üzere bir konferans düzenlemeye karar verdiler. Bizi ve Yunanlıları bu konferansa davet ettiler. 27

Şubat 1921'de Londra Konferansı başlamıştı. Bu konferans 12 Mart'a kadar sürdü. Bize hiçbir yarar sağlamadı. Olumlu bir sonuç alamadık.

İkinci İnönü Zaferi

Bursa ve Uşak bölgesinde Yunan ordusu saldırıya geçmişti. Karşılarında komutanımız İsmet Paşa vardı. 31 Mart günü saldırıya geçti. Yunan ordusu daha fazla dayanamadı ve geri çekildi. Bu zaferin adı, "İkinci İnönü Zaferi"dir.

İsmet İnönü Metristepe'den şu duyuruyu yapıyordu:

"Saat öğleden sonra altı buçuk... Düşman, binlerce ölüsüyle doldurduğu bu meydanı terk etti."

Batı cephesi komutanı İsmet Paşa'ya şu telgrafı çektim:

"Tarih boyunca, sizin üzerinize aldığınız kadar zor bir görev alan komutanların sayısı çok azdır. Size baştan beri güveniyorduk. Adınızı tarihin gurur sayfalarına yazan, milletin şükranlarını kazanan başarınızı kutluyorum.

Büyük Millet Meclisi Başkanı Mustafa Kemal"

Sakarya Meydan Savaşı

İkinci İnönü Savaşı'ndan üç ay sonra Yunanlılar yeniden saldırıya geçti. Ordumuzun çoğu Sakarya Nehri'nin doğusundaydı.

4 Ağustos 1921'de Meclis beni Başkomutan seçti. Artık vereceğim her emir bir kanundu.

12 Ağustos 1921'de Genelkurmay Başkanı Fevzi Paşa'yla Polatlı'ya gittim. Orada cephe karargâhımız vardı. Düşmanla savaşmaya başladık. Savaş yirmi iki gün, yirmi iki gece sürdü. Bir

zafer daha yazılıyordu. Tarih 13 Eylül 1921'di. Düşmanı yenmiştik. Bu başarının adı "Sakarya Meydan Zaferi" oldu.

Meclis toplandı. Ordumuza güven kat kat artmıştı. Bu savaş sonucunda bana, "Mareşal" dendi ve "Gazi" unvanı da verildi.

20 Ekim 1921'de Fransızlarla antlaşma yapıldı. Bu antlaşmanın adı, "Ankara Antlaşması"ydı. Bu antlaşmaya göre Fransızlar, hemen ülkemizi terk edeceklerdi.

Hatt-ı müdafaa yoktur, sath-ı müdafaa vardır.
(Savunma hattı yoktur, savunma alanı vardır.)

"Savunma hattı yoktur, savunma alanı vardır. Ve o alan, bütün vatandır. Vatanın her karış toprağı Türk kanıyla ıslanmadıkça düşmana bırakılamaz."

İşte ordumuzun her bireyi, bu kurala göre, her adımda en büyük fedakârlığı göstererek düşmanın üstün güçlerini yıpratıp yok etmeyi bir görev bildi.

"Mareşal" Rütbesi ile "Gazi" Unvanı Verilmesi

Siyasi görevimin yanı sıra savaşan birlikler arasında bizzat çarpışmalara katılmam ve savaşı yönetmem sebebiyle Büyük Millet Meclisi'nce bana Mareşal rütbesiyle Gazi unvanı verildi. Bir kaza sonucu olarak sol kaburga kemiklerimden birinin kırılmış olmasına bakmadan görevimi layıkıyla yapmaya çalıştım.

Sakarya Savaşı'nın sonuna kadar, bir askeri rütbem yoktu. Osmanlı Devleti'nce verilen rütbenin, yine kendileri tarafından alınmış olduğunu bilirsiniz.

Başkomutanlık Meydan Savaşı

6 Ağustos 1922'de batı cephesi komutanı gizlice bir emir duyurmuştu. Bu emir tüm orduya verilmişti. Emirde, "Büyük saldırıya hazırlıklı olun," diyordu.

20 Ağustos 1922'de Akşehir'deydim. Batı cephesi karargâhında... 26 Ağustos sabahında saldırı emrini verdim. 30 Ağustos günü hepsini yok etmiştik. Bu başarımız, "Başkomutanlık Meydan Savaşı" ismiyle tarihe yazıldı.

Bu savaşın sonucunda 22 Ekim 1922'de Mudanya Konferansı yapılmıştı. Bu konferans 11 Ekim'de bitmişti. Bu konferansta Trakya'yı geri almıştık.

Mudanya Konferansı

29 Eylül 1922 günü, Mudanya Konferansı'nı kabul ettiğimi bildirdim. Ancak, Meriç Irmağı'na kadar Trakya'nın hemen bize geri verilmesini istedim.

Mudanya'da, İsmet Paşa'nın başkanlığı altında, İngiliz delegesi General Harrington, Fransız delegesi General Charpy, İtalyan delegesi General Monbelli'nin katıldıkları konferans toplandı. Bir hafta kadar süren tartışmalı görüşmelerden sonra, 11 Ekim'de Mudanya Ateşkes Antlaşması imzalandı. Trakya ana vatana katılmış oldu.

Saltanatın Kaldırılması

Osmanlı İmparatorluğu'nun yıkılmış olduğunu, yeni bir Türkiye Devleti'nin doğduğunu, Anayasa gereğince egemenlik haklarının millete ait olduğunu dile getiren bir önerge hazırlandı.

Bu önerge sonrası, padişahlığın kaldırılması işi, kesin olarak sonuçlandırıldı. 1 Kasım 1922 tarihli kanun gereğince, halifelik ile padişahlık birbirinden ayrıldı. Ulusal egemenlik pekiştirildi.

Lozan Barış Konferansı

Mudanya Konferansı'ndaki başarısından dolayı İsmet Paşa'yı dışişleri bakanı yapmıştık. 28 Ekim 1922'de Lozan'da bir konferans toplanacaktı. Batılı devletler konferansa İstanbul hükümetini davet etmişlerdi. Yaptığımız mücadele sonunda bu istekleri gerçekleşmedi. Biz katıldık. 21 Kasım 1922'de İsmet Paşa yanındaki kişilerle Lozan'a gitmişti. Burada barış antlaşması görüşüldü. Burada çektiğimiz sıkıntıları tüm dünyaya duyurduk. Haklarımızı istedik. Biz Osmanlı Devleti'nin mirasıydık. Ve o devletin dünyada ne değeri kalmıştı, ne erdemi, ne de onuru... Uluslararası hukuktan uzaktık. Dünyaya sesimizi duyurmak bize kalmıştı. Sonuçtan emindik, iyi olacaktı. Sadece hakkımızı istiyorduk. En büyük gücümüz şuydu: "Egemenliği ve ulusallığı benimsemiş ve onları halkın eline vermiş olmamız." Ayrıca, halkımız da bunları taşımada yeterli ve istekliydi. İlk bölümde fayda göremedik. Konferans 23 Nisan'da yeniden başladı. Bu bölümde faydamıza işler oluyordu. 24 Temmuz'da İsmet Paşa antlaşmayı imzaladı. Bu büyük bir başarıydı. Antlaşma Millet Meclisi tarafından da onaylanmıştı. İsmet Paşa'ya şu telgrafı sundum:

"Milletin ve hükümetin size verdiği görevi başarıyla tamamladınız. Memlekette yaptığınız görevleriniz bizim için çok önemliydi. Şimdi de bu görevlerinizi tarihsel bir başarı ile yükselttiniz. Uzun ve zor uğraşlardan sonra vatanımız barışa ve özgürlüğüne kavuştu. Böyle bir günde, ışıltılı hizmetinizden dolayı sizi ve arkadaşlarınızı, Rıza Nur ve Hasan beyleri kutlar ve teşekkürlerimi sunarım."

Yeni Türkiye Devleti'nin Başkenti Ankara

Artık yeni Türkiye Devleti'nin başkentini belirlemek gerekiyordu. Çoğunluk, yeni Türkiye'nin başkentinin Anadolu'da ve Ankara şehrinde olmasını istiyordu.

13 Ekim 1923 günü Meclis'te yapılan oylamada çıkan kanun şudur:

"Türkiye Devleti'nin yönetim yeri Ankara şehridir."

Cumhuriyetin İlanı

İsmet Paşa'yla geceleri geç vakitlere kadar çalışıyorduk. 20 Ocak 1921 Anayasası'nın bazı maddelerini yeniden düzenledik. Birinci maddenin sonuna şu cümleyi ekledik:

"Türkiye Devleti'nin yönetim şekli cumhuriyettir."

29-30 Ekim gecesi saat 20.30'da meclis bu maddeyi kabul etti. Artık Türkiye, cumhuriyetle yönetilecekti. Milletimizin istediği buydu. Millet kendi kendini yönetecekti. Cumhuriyetin ilanıyla tüm yurtta bayramlar yapılıyordu. Herkes çok mutluydu.

Beni cumhurbaşkanı seçtiler. Türkiye Cumhuriyeti'nin ilk hükümetini İsmet Paşa kurdu. Meclis başkanı da Fethi Okyar oldu. Şimdi geciken kanunlara sıra gelmişti. Bu kanunlar yeni devlet için gerekliydi. Halifelik, cumhuriyetle uyuşmazdı, kaldırılmalıydı. Hemen kaldırıldı. Medreseler, çağdaş bilimle uyuşmuyordu, kaldırılmalıydı. Hemen kaldırıldı. Ayrı ayrı okullar vardı. Her okulda farklı dersler işleniyordu. Bu da karışıklık çıkarıyordu. Tüm okullar Milli Eğitim Bakanlığı'nda toplandı.

Halifeliğin Kaldırılması

3 Mart 1924 tarihinde kabul edilen kanunla halife indirildi ve hilafet kaldırıldı. İndirilen halifeye ve Osmanlı Hanedan soyundan olan herkese, Türkiye Cumhuriyeti sınırları içinde oturmak süresiz olarak yasaklandı.

Kimi kişiler, halifelik görevini üzerime almamı önerdiler. Bu öneriyi kesin olarak reddettim. Açık ve kesin olarak söylemeliyim ki, Müslümanları bugün bile bir halife korkuluğu ile uğraştırıp aldatmak çabasında bulunanlar, yalnız ve ancak Müslümanların ve özellikle Türkiye'nin düşmanlarıdır.

Gençliğe Öğüdüm

Bütün bunları yaparken güvendiğim bir güç vardı: Vatanımızın geleceğini emanet edeceğim Türk gençliği! Ben, elde ettiğimiz, uğruna savaştığımız, şehitler verdiğimiz bu vatanı Türk gençliğine emanet ediyorum:

Ey Türk gençliği!

Birinci görevin, Türk istiklalini, Türk cumhuriyetini, sonsuza dek korumak ve savunmaktır.

Varlığının ve geleceğinin tek temeli budur.

Bu temel, senin en kıymetli hazinendir. Gelecekte de, seni bu hazineden yoksun bırakmak isteyecek iç ve dış düşmanların olacaktır. Bir gün, bağımsızlık ve cumhuriyeti savunma mecburiyetine düşersen, göreve atılmak için, içinde bulunacağın durumun imkân ve koşullarını düşünmeyeceksin! Bu imkân ve koşullar çok elverişsiz olabilir. Bağımsızlığına ve cumhuriyetine kastedecek düşmanlar, bütün dünyada benzeri görülmemiş bir zaferin temsilcisi olabilirler. Zorla ve aldatmacayla aziz vatanın, bütün kaleleri ele geçirilmiş, bütün tersanelerine girilmiş, bütün orduları dağıtılmış ve ülkenin her köşesi fiilen işgal edilmiş olabilir. Bütün bu koşullardan daha acıklı ve daha korkunç olmak üzere, ülkenin içinde, iktidarda bulunanlar aymazlık, sapkınlık ve hatta hainlik içinde bulunabilirler. Hatta bu iktidar sahipleri kişisel çıkarlarını istilacıların siyasi emelleriyle birleştirebilir. Ulus, yoksulluk ve sıkıntı içinde yorgun ve bitkin düşmüş olabilir.

Ey Türk geleceğinin evladı! İşte, bu imkân ve koşullarda bile vazifen, Türk bağımsızlık ve cumhuriyetini kurtarmaktır!

Muhtaç olduğun kuvvet damarlarındaki asil kanda mevcuttur!

Gazi Mustafa Kemal

NOTLAR